伝道ブックス84

人間で在ることの課題

中川皓三郎

目次

【凡例】

・本文中の真宗聖典とは、東本願寺出版（真宗大谷派宗務所出版部）発行の『真宗聖典』を指します。

・本文中の語註（※印）は東本願寺出版によるものです。

■はじめに

ここ何年か前に気付いて、非常にうれしく思ったことがあります。それは、人間に生まれたということは、誰もが人間としてなさなければならない課題があるということです。

どんな人も、やはり生まれてきたことを喜び、生きてきたことを本当に喜ぶことのできるような人生を生きていきたいと、おそらくこころの深いところで思っておられると思います。

逆に言えば、こんなことなら生まれなかった方がよかったと思いたくはない。そのようなことになりますと、それこそ今まで生きてきたこと、そのことが本当にむなしいということになってしまいます。

そうすると、次にそのような人生をどうしたら生きていくことができるのかということが、問題として出てまいります。どんな人も、どのような国に生まれようとも、どのような時代に生まれようとも、人は人である限り、きちんとなさなければならない課題というものがあるんだと、そのことを「人間で在《あ》ることの課題」と表現することができるのではと、あらためて思うわけです。

■「人間で在る」ということは

では、それはどのような課題かということですが、初めに聞いていただきたいのは、宮沢賢治《みやざわけんじ》が童話の中で言っている言葉です。

けれども一体どうだろう、小鳥が啼《な》かないでいられず魚が泳がないでいられないように人はどういうことがしないでいられないだろう。人が何としてもそうしないでいられないことは一体どういう事だろう。考えてごらん。

(『学者アラムハラドの見た着物』・角川文庫『インドラの網』所収)

と、子どもたちに問いを出しています。

その問いを受けて、宮沢賢治は「うん。そうだ。人はまことを求める。真理を求める。ほんとうの道を求めるのだ」と言っています。それはいったい何を語っているのかということです。

今度は、林竹二《はやしたけじ》という、宮城教育大学の学長をしておられた先生です。この先生は、小学校や定時制高校などに出向いて授業をしておられました。今ご紹介するのは、仙台の小学六年生の子どもたちになされた「人間について」という授業なのですが、その中で、最初にこのようなことを言われています。

「人間って何だ」と聞かれても、なかなか答えるのは難しい。でも、人間は動物だということは、みんな知っているね。動物の一種ですね。動物の一種ですけれども、他の動物と非常に違う動物ですね。どういう点が違うんだろうかということを、これから考えていきます。どういう点が他の動物と違うんだろうか。そのことを考える材料に人間とカエルを比べてみます。

そして、

人間とカエルは両方とも動物だね。だけど、カエルと人間とを比べてみると、人間は他の動物とまるで違うということがだんだん分かってくる。それで、一番最初にあなたに聞いてみたいのは、「カエルの子はカエル」ということわざを知っているでしょう。「カエルの子はカエル」というのはどういうときに使うのかな。

と、子どもに問うておられます。

「カエルの子はカエル」と言われますが、皆さんもご存じのように、カエルの子はオタマジャクシです。オタマジャクシは、親のカエルと比べると姿形はまったく違いますし、生活する環境も違います。オタマジャクシはえら呼吸で、水の中でなかったら生活できません。ところが、親のカエルは肺呼吸ですから、水を離れて生活をすることができる。

そのように子どもと親がまったく性格というか、性質や姿形が違うということがあっても、いつの間にかオタマジャクシは、親のカエルになっていきます。そのことが「カエルの子はカエル」と言われるわけです。

つまり、人間の子どもでも、親と子どもがまったく違うような形になっていても、結局、多くは親に似てくるということがあって、そのように言われるわけです。

林先生はそのような言葉を子どもたちに教えながら、同時に「人間の子は人間」と言えるかと、このように問うのです。

「カエルの子はカエル」だということは、オタマジャクシはいつの間にか親のカエルになる。では、それと同じように「人間の子どもは人間と言えるか」と。大多数の子どもは「言える」と言ったのですが、その上で林先生は、今度はオオカミに育てられた二人の少女の話をしていかれます。

これは現在では疑問視されている逸話なのですが、一九二〇年、当時インドの中にあったベンガル州（現・バングラデシュ）で、オオカミに育てられた二人の女の子が発見されました。そして、その二人の子を人間に戻そうとして、いろいろなことがなされたのです。

林先生は、その二人の女の子の写真を子どもたちに見せながら、「実は、人間は人間として育てられなければ人間になれない」と言うのです。オオカミに育てられると、オオカミになってしまうから、人間というのは、人間として育てられなければ、人間になれないんだと。

確かにわれわれはそうですね。家庭で親から教育を受けるということもありますし、幼稚園、小学校、中学校と、学校に行って習うと。そのようなことで、人間として育てられ、人間になっていくわけです。

つまり、われわれが人間として生まれてきたということは、同時に、人間になっていかなければならないという課題を持って生まれてきたと言っていいと思うのです。

われわれはお互いにそういうことはあまり意識しませんけれども、われわれが家庭の中で学び、また学校で学ぶということは、それは、人間になるために学んでいるということです。

ところが、それだけで本当に十分なのかということがあるのです。

■人間らしい人間になる

私がよく紹介することなのですが、ユダヤ人の精神科医のフランクルという人がいました。戦争中、ナチスドイツによって、ユダヤ人であるという、ただそれだけで収容所に捕らわれ、そして、役に立たなくなると殺されていくという、そういう過酷な運命を担わされたのがユダヤ人でした。当時、六百万人のユダヤの人が殺されていったと言われています。

彼は、戦争が終わるということで、たまたま強制収容所から解放され、そして、当時の体験を本にまとめています。今紹介するのは、『苦悩の存在論』(新泉社)という本に出てくる言葉です。

わたしたちは人間のことを知っている。おそらく、わたしたちの前の世代では考えられないほど人間のことを知るようになった。また、わたしたちは人間がなにかをなしうることも知っている。人間はガス室を発明した存在であることも、また同時に殉教者としてその同じガス室に入った存在でもあることをわたしたちは知っている。人間はその両方にたいして可能性をもっている。折りにふれ、そのつど、どの可能性を現実化するかは人間自身が決断する。人間は決断する存在であり、どの瞬間にも決断している。そしてその瞬間、瞬間にかれが決断しているものは、その次の瞬間にかれがそれに成るものである。

つまり、私たちが生きているということは、自分が選んだ結果として、ここにこうして生きているんだということです。人間というのは決断する存在であり、その決断した結果が、いわゆる現在の「私」だということです。

また、その中で、

二つの「人種」が存在するだけである。つまりそれは端正な（anständig）人間の人種と、端正でない（unanständig）人間よりなる人種である。

と言われています。

皆さんはこの言葉を聞かれて、どのように思われるでしょうか。「端正な」というのは、ドイツ語で「anständig《アンシュタンディヒ》」という言葉ですが、「訳註」を見ますと「もっとも人間的なものに忠実な人間」、わかりやすく言えば「もっとも人間らしい人間」ということのようです。

つまりフランクルという人は、アウシュビッツでの経験を通して、あらためて人間にはたった二つの人種しかないのだと。それが、「もっとも人間らしい人間」と、人間であるけれども「人間であることを失った人間」だということです。

いわゆる人間として、私たちは生まれてきたということがあるのですが、われわれは、それこそ単に人間になるだけではなしに、「もっとも人間らしい人間」にならなければならない。そういう課題をお互いに一人ひとりが持って、この世に人として生まれてきたと言っていいのではないかと思うのです。

人間であること、人間として生まれてきたということは、お互いにどんな人も、人間らしい人間として生きていくために、この世に生まれてきたんだと。人間らしく生きるという道を見いだすこと。そういう道を生きていくことによって、初めてわれわれは、いよいよいのち終わっていくときに、ああ、人間として生まれてきてよかったなと。たとえ苦労の多い人生であったとしても、尊く得がたい人生を生きることができたという喜びと満足の中で、自分の生涯をきちんと終えていくことができるのでしょう。

私が皆さん方に聞いていただきたいことは、アメリカ人であろうと、ヨーロッパに生きる人であっても、中国、韓国、朝鮮に生きる人であっても、アフリカの国々に生きる人であっても、どの国に生まれようとも、人として生まれて、人として生きている限り、どんな人も、本当に人間らしい人間になっていかなければならないと。そういう課題をみんな持って生まれてきているんだということです。

そして、問題はそのような課題を、どのような教えによって実現していくのかですが、それは人それぞれのご縁なんですね。

■人間になっていく教えとは

最初に紹介した宮沢賢治という人は、実は真宗門徒の家庭に生まれました。ですから、小さいときから親鸞聖人の教えを聞いて育ってこられたということがあるわけです。ところが、長じて『法華経《ほけきょう》』の教えに出会い、親鸞聖人の教えから離れていかれました。

また、藤田ジャクリーンという、フランスからやって来られた人がおられます。彼女は十四歳のときに、たまたまフランス語訳の『歎異抄《たんにしょう》』にふれます。そして、二十歳を過ぎて、大学を卒業し、日本にやって来られて、親鸞聖人の教えを学び、真宗の門徒になっていかれたのです。

ですから、真宗でなければならないとか、日蓮の教えでなければならないとか、キリスト教でなければならないとかいうことではないのです。要するに、われわれが人間としてこの世に生まれて生きている限り、どんな人にもある課題を、どの教えによって解決するのか。そのことは、人それぞれのご縁によるということです。

けれども、お互いに人として生まれて生きている限りは、どんな人も、どのような国に生きる人であっても、どのような時代に生きる人であっても、人間らしい人間になっていかなければならないという課題は、みんな共通なわけです。

そのような中で仏教は、釈尊《しゃくそん》（お釈迦《しゃか》さま）は、それを「仏陀《ぶっだ》」という言葉で、実は明らかにしたのです。

皆さんもご存じかと思いますが、仏陀というのはインドの言葉です。「真理に目覚めた人」という意味なのですが、仏教はもっとも人間らしい人間をこの仏陀という言葉で、具体的に明らかにしたのです。

つまり仏教というところで言えば、われわれ一人ひとりは、どんな人も仏陀にならなければならないという課題を持って、実は生まれて生きているんだということなんですね。

では、仏陀という人はどういう人なのかということを考えますと、いろいろなお釈迦さまの言葉が残されています。その言葉をいくつか紹介します。

全世界に対して無量の慈《いつく》しみの意《こころ》を起すべし。上に、下に、また横に、障害なく怨《うら》みなく敵意なき慈しみを行うべし。

（岩波文庫『ブッダのことば』）

敵意ある者どもの間にあって敵意なく、暴力を用《もち》いる者どもの間にあって心おだやかに、執著する者どもの間にあって執著しない人、……

（岩波文庫『ブッダの真理のことば　感興のことば』）

実にこの世においては、怨《うら》みに報《むく》いるに怨みを以《もっ》てしたならば、ついに怨みの息《や》むことがない。怨みをすててこそ息む。これは永遠の真理である。

（同前）

そして非常に有名な言葉ですが、

真理は一つであって、第二のものは存在しない。その真理を知った
人は、争うことがない。
（『ブッダのことば』）

要するに、仏陀になる、人間らしい人間になるとはどういうことかと言うと、傷つけ合わないで、お互いに助け合って、仲良く生きるものになっていくことだと、そのような言葉で表現することができると思います。

では、どうしてそのように言われるのか。それは、お釈迦さまが目覚

められた真理に基づいているのです。

■縁起《えんぎ》の法

お釈迦さまが真理に目覚めて仏陀になられた。それを成道《じょうどう》というのですが、お釈迦さまがそれに目覚めて、いわゆる仏陀になられた法は「縁起法（縁起の法）」と伝えられています。

このことを語る言葉に、「縁起法なるものは、我が所作《しょさ》にあらず」（『阿含経』）というものがあります。つまり、自分がつくったものではないということです。

次に、「また余人《よにん》の作にもあらず」と言われます。「余人」というのは他の人ということです。ですから、お釈迦さまが見つけた、発見した「縁起の法」は、自分がつくったものでもないし、他の誰かがつくったものでもないということです。

そして、「しかもかの如来出世するも及び未《いま》だ出世せざるも、法界《ほっかい》に常住せり」と。つまり、お釈迦さまが見つけたんだけれども、お釈迦さまが生まれようと生まれまいと「法界に常住せり」と言われるのです。

皆さんは、ニュートンの万有引力の法則はご存じでしょうか。実際はそうではないと言われますが、ニュートンはリンゴの実が枝から落ちる姿を見て、そういう力が働いていると知って、その力を万有引力の法則と名付けたという話があります。

しかし、考えてみたら、見つけたのはニュートンだけれども、ニュートンがつくったものでもないし、他の誰かがつくったものでもない。そして、ニュートンが生まれようと、生まれまいと、リンゴはきちんと枝から下に落ちていたわけです。

われわれもそうです。二階から飛び降りたときに、三階に行く人はいない。きちんと一階に落ちるわけです。そのように法というものは、いつでも、どこでも、誰にでも成り立つのです。

ですから、「法界に常住せり」という言葉で言われていることは、もともと初めからそうなんだと。このことが、私はとても大切なことだと思うのです。もともと初めからそうなんだという、そのようなものを

「法」というわけです。そして、その法をお釈迦さまは見つけて、仏陀になられたわけです。

■人間はもともと助け合って生きている

では、「縁起法」というものは、いったいどういうものなのか。それは、文字どおり「縁《よ》って生起《しょうき》すること」であり、すべての事物は因（原因）と縁（条件）によって成り立っている（生起）ということですが、私はわかりやすいということで、司馬遼太郎《しばりょうたろう》の言葉をよく紹介しています。

司馬遼太郎は『二十一世紀に生きる君たちへ』（世界文化社）という書

籍の中で、小学六年生の子どもたちに文章を残しているんですね。その中で、このように言われます。

人間は、助け合って生きているのである。

私は、人という文字を見るとき、しばしば感動する。ななめの画《かく》がたがいに支え合って、構成されているのである。

そのことでも分かるように、人間は、社会をつくって生きている。社会とは、支え合う仕組みということである。

原始時代の社会は小さかった。家族を中心とした社会だった。それがしだいに大きな社会になり、今は、国家と世界という社会をつくり、たがいに助け合いながら生きているのである。
自然物としての人間は、決して孤立して生きられるようにはつくられていない。
このため、助け合う、ということが、人間にとって、大きな道徳になっている。

こういう短い文章ですけれども、要するに、司馬遼太郎という人は、「人」という文字を見て、しばしば感動すると言われるのです。
こういう字を見て感動されるというのは、すごい感性だなと思うわけですが、「人」という文字を見てもわかるように、人間は助け合って生きているんだということを言っておられるのです。

そのように言われている内容が、要するに「縁起の法」という言葉で教えられていることの具体的な姿だと思うんですね。もちろん仏教は人間だけではなしに、衆生《しゅじょう》という言葉で、それこそいのちを生きる全てのもののことを語っていますから、単純に人とは限らない。けれどもわれわれ人間は、もともと初めから、共に助け合って生きているんだと、これが一番のベースであるわけです。

さまざまな違いを超えて、お互いに助け合って生きているんだということを、お釈迦さまは三十五歳のときに、今から二千五、六百年前に発見されたのです。

そういうことがベースにあって、われわれの課題ということがあるんですね。不思議な話ですが、そのことを意識する、意識しないにかかわらず、どんな人とも仲良く生きていきたいと、みんな思っているのです。例えば、家族なら家族という身近な関係の中で、夫婦が仲良くないとか、親子がなかなか仲良くなれないとか、こういうことになりますと、われわれはやはり悲しいと思うわけです。人はみんな仲良く生きていきたいと思っている。だからこそ、反対に仲良く生きることができないということになると、われわれは自分の居場所を失ってしまうのです。

なぜ子どもたちがいじめということで生きていけなくなってしまうのか、そのことを考えていただいてもいいと思います。自分を受け止めてもらえないということになりますと、自分の居場所がなくなってしまう。そうなると、本当に生きることがつらい、生きることが苦しいと感じることになってしまうんですね。そういういろいろな事情の中で、自らいのちを絶ってしまうということが起こってくるのです。

人間にとって、もともと初めから共に助け合って生きているということがあるために、仲良く生きるということができなくなると、われわれは自分の居場所を失うということになってしまうのです。

それで実は、人間が本当に仲良く生きることのできる世界を、仏教では「浄土」という言葉で教えてくださっているのです。

■どんな人も浄土を求めている

皆さん方は、『歎異抄』という書物はご存じでしょうか。親鸞聖人が亡くなられてから三十年ほど後に、聖人が晩年に出会った唯円というお弟子が、「異《こと》なることを歎《なげ》く」というかたちで文章をまとめられたものが『歎異抄』という書物です。その第二章は、「おのおの十余《じゅうよ》か国《こく》のさかいをこえて」（真宗聖典六二六頁）という言葉で始まっています。

親鸞聖人はご存じのように、九歳で得度《とくど》を受けられて、ほぼ二十年間、比叡山で学ばれました。しかし二十九歳のときに比叡山を下り、法然《ほうねん》上人《しょうにん》に出遇《であ》って、人間が本当に仲良く生きていくことのできる道を見いだされたのです。そして三十五歳のときに、承元《じょうげん》の法難《ほうなん》※というものに遭《あ》い、越後《えちご》（現・新潟県）に流されます。その後、四十二歳のときに、家族ともども新潟から関東（現・茨城県）に移られて、念仏の教えを多くの人に伝えられたとされています。

そのような中で、六十二歳ごろと言われていますけれども、関東から今度は京都に帰っていかれます。そして、九十歳でいのちを終えていかれるまで住んでおられたのですが、京都に帰られた親鸞聖人のところに、関東でご縁を持たれた人たちが、いろいろな問題を抱えて訪ねてこられたのです。

そのような人たちを前にして、親鸞聖人が「おのおの十余か国のさかいをこえて、身命《しんみょう》をかえりみずして、たずねきたらしめたまう御《おん》こころざし…」と、あなた方お一人おひとりは関東から、つまり、常陸国《ひたちのくに》から山城の京の都まで、十二ばかりの国境《くにざかい》を越えて、なぜ、この私を訪ねることになったのか、ということを言われるわけです。

そのことについて、「ひとえに往生極楽《おうじょうごくらく》のみちをといきかんがためなり」と、このように言っておられるんですね。

つまり、やって来た人が、今日はこういう問題を抱えて来ました。こういう用件で来ましたと言っておられるのではなしに、それを迎えておられる親鸞聖人が、この私を、それもはるばる関東から、「身命をかえりみずして」ということですから、いのち懸けでやって来られたのはどうしてかということを言っておられる。

それは、「往生極楽の道」なのだと。極楽と語られる阿弥陀の浄土に、どうしたら生まれて生きていくことができるのかということを、この私に聞きに来られたんだと言っておられるのです。

親鸞聖人のこういう言葉にある問題は、つまりどんな人も、人間はさまざまな違いを持って生きていると。民族が違う、宗教が違う、こういうさまざまな違いがあるけれど、人が人である限り、どんな人も浄土を求めているんだということを言っておられるのです。

ですから、そのことを、先ほどの言葉に対して言えば、お釈迦さまが発見された「縁起法」ということが一つベースにあって、人はどんな人も、そのことを意識する、意識しないにかかわらず、みんな仲良く生きていきたいと思っている。その仲良く生きていきたいということの具体的な姿が、実は誰もが浄土に生まれて生きるものになりたいということなのです。

では、それはどういう問題とつながるのか。それは、われわれ一人ひとりがどういうものなのかということと深く関わっているのです。

※承元の法難…一二〇七（承元元）年、当時民衆の間に広く流布していた法然上人の念仏の教えが、比叡山延暦寺、奈良興福寺をはじめとする他宗からの強い反発にあい、ついには朝廷による弾圧にまで至った事件。結果、法然門下の四人が死罪、親鸞聖人、法然上人を含む八人が流罪《るざい》となった。

■凡夫《ぼんぶ》なる私たち

皆さんは、「凡夫」という言葉を聞かれたことがあるでしょうか。この言葉は、人が人に言うような言葉ではありません。これは、お釈迦さまといいますか、仏陀の言葉、仏語《ぶつご》です。仏陀の眼によって見られたときに、実はわれわれ一人ひとりが凡夫なのだということです。ですから、凡夫という言葉は人間の言葉ではないということをまずわかっていただきたいのですが、どういう意味の言葉かと言うと、自分中心のこころを離れることができないものということです。

少し硬い言葉で言いますと、親鸞聖人の文章ですが、凡夫というは、無明《むみょう》煩悩《ぼんのう》われらがみにみちみちて、欲もおおく、いかり、はらだち、そねみ、ねたむこころおおく、ひまなくして臨《りん》終《じゅう》の一念にいたるまでとどまらず、きえず、たえず…

（『一念多念文意』真宗聖典五四五頁）

と、われわれは自分の思いどおりにしたいという、自分中心のこころというものを、いのち終わるまで離れることができないものなのだと言うのです。

そんなばかなと思われるかもわかりませんが、親鸞聖人はそのような言葉で凡夫というものはどういうものかということを教えておられるのです。

そのことについて、またひとつ文章を紹介しますけれども、皆さんは、俳優の米倉斉加年《よねくらまさかね》という人をご存じでしょうか。その人が書かれた『おとなになれなかった弟たちに…』（偕成社）という本の中に、広島に原爆が落とされ、戦争が終わる一週間ほど前の出来事が述べられています。戦争中ということで田舎に疎開《そかい》をします。その疎開先での話です。

みんなにはとうていわからないでしょうが、そのころ、あまいものはぜんぜんなかったのです。アメもチョコレートもアイスクリームも、おかしはなんにもないころなのです。食いしんぼうだったぼくは、あまいあまい弟のミルクはよだれがでるほど飲みたいものでした。

母は、よくいいました。ミルクはヒロユキのごはんだから、ヒロユキはそれしか食べられないのだからと——。

でもぼくはかくれて、ヒロユキのたいせつなミルクをぬすみ飲みしてしまいました。それも、何回も……。

ぼくにはそれがどんなに悪いことか、よくわかっていたのです。でもぼくは飲んでしまったのです。ぼくは弟がかわいくてかわいくてしかたがなかったのですが……それなのに飲んでしまいました。

当時は戦争の末期ですから、甘いものは何もない。私も小学校時代、友達の家へ遊びに行ったときに、黙って台所に行って、砂糖つぼに手を突っ込んでなめたことを、今でも覚えていますけれども、本当に甘いものがなかった。

ですから、この米倉さんは、生まれたばかりの弟に配給されてくるミルクを見ると、どれだけいけないことか、どれだけ悪いことかということがあっても、黙って盗み飲みをしてしまったということなのです。そして、続きです。

ヒロユキをおんぶして、ぼくはよく川へ遊びにでかけました。ぼくは弟がほしかったので、よくかわいがりました。

ヒロユキは病気になりました。

ぼくたちの村から三里くらいはなれた町の病院に入院しました。ぼくは学校から帰ると、毎日マキと食べものを祖母に用意してもらい、母と弟のいる病院に、バスにのってでかけました。

十日間くらい入院したでしょうか。

ヒロユキは死にました。

暗い電気のしたで、小さな小さな口に綿《わた》にふくませた水を飲ませた夜を、ぼくはわすれられません。泣きもせず、弟はしずかに息をひきとりました。母とぼくに見守られて、弟は死にました。病名はありません。

栄養失調です……。

このような文章です。

われわれが自分中心のこころを、いのち終わるまで離れることができないという問題は、縁にふれてということがあるのです。つまり、ミルクを見るという縁にふれると、それが欲しいというこころが起こるという、そのことなんですね。そして、その欲しいというこころを抑えることができないから、隠れてミルクを飲んでしまうということです。そういう意味で、凡夫といわれているのです。

■業縁《ごうえん》存在である人間

ほかにも、凡夫ということはいろいろな言葉で言えるかもわかりません。例えばわれわれは損得の問題が出てくると、お互いに損する方を選べないという問題を持っています。

それはまた、自分の思いにかなうものは善《よ》し、思いにかなわないものは悪《あ》しというように、善し悪しというものをきちんと二つに分けて、善しとできるものは受け入れることができるけれど、いったん悪しということになると、それを受け入れることができない。そのような問題を持っているものと言っていいと思います。

ですから、仲良くといっても、自分の思いにかなうものとは、仲良く生きることができるけれど、自分の思いに合わないこととは仲良く生きることができない。このような問題を、みんな持っているのです。

仲良く生きていきたいと、みんなが思っている。そして、そのことがどうして浄土という言葉に変わっていくのか。そこにある問題は、われわれが簡単に仲良く生きることのできないものだということなのです。

われわれ一人ひとりが凡夫であるということ、つまり、自分中心のこころというものを、どのような努力によっても、どのようなこころ掛けによっても、離れることができないという問題があって、浄土ということが教えられるんだということです。

そして、どのようなことがあっても、自分中心のこころを離れることができないということは、縁によってそのこころが起こってくるということがあるからです。米倉さんの文章で言えば、ミルクを見ると、飲みたいというこころが起こってくる。そういう飲みたいというこころを、自分の力で抑えることができないので、隠れて、黙って、ミルクを飲んでしまう。そして、一概にその結果ということではないのですが、自分の弟が栄養失調で死んでいくということになっていくのです。

そのことは『歎異抄』の第十三章に、「さるべき業縁のもよおせば、いかなるふるまいもすべし」（真宗聖典六三四頁）と教えられています。

われわれ一人ひとりが、そのような人間として生きていると。ですから、結局、自分の思いにかなうものとは仲良く生きることができるけれども、思いにかなわないということになると、仲良く生きることができないのです。

■絶対に受け入れられないものをもつ私

そしてそこにはまた、自分自身のことであっても、思いにかなわないものは受け入れることができないという問題があるのです。

例えば、われわれは必ず死んでいかなければならないということがあります。しかし、その死んでいく自分をなかなか受け取ることができません。

これは、お釈迦さまの言葉です。お釈迦さまがいよいよ八十歳でいのち終わっていくときに、お弟子たちに次のように言われたのです。

「さあ、修行僧たちよ。お前たちに告げよう、『もろもろの事象は過ぎ去るものである。怠《おこた》ることなく修行を完成なさい』と。」

これが修行をつづけて来た者の最後のことばであった。

（岩波文庫『ブッダ最後の旅』）

このように、形あるものは壊れるということを言われています。

次は、親鸞聖人の言葉です。

なによりも、こぞことし、老少男女《なんにょ》おおくのひとびとのしにあいて候《そうろ》うらんことこそ、あわれにそうらえ。ただし、生死《しょうじ》無常のことわり、くわしく如来のときおかせおわしましてそうろううえは、おどろきおぼしめすべからずそうろう。（『末燈鈔』真宗聖典六〇三頁）

京都に帰られた親鸞聖人のところに、関東から知らせが届く。それは、要するに、去年、今年と多くの人が亡くなっていったという知らせです。それを聞いた親鸞聖人は、「あわれにそうらえ」と。悲しいことだけれども、それは、すでにお釈迦さまが生あるものは必ず死ぬと説いておられるではないか。だから驚くなと言われるのです。

ところが、われわれは、なかなか死んでいく自分というものを受け入れるということができないという問題があります。こういう問題が多くの民族にある、葬送儀礼の中で残されています。

例えば、他宗ではお葬式ということになると、清めの塩が使われます。お葬式に参列するということは、死穢《しえ》という、死の穢《けが》れというものに触れるとされるからです。

われわれは、死というものを穢れと受け止めるのです。穢れを持ったまま、日常の生活を続ければ、よくないことが起こると。ですから、塩を使って、その穢れを払うということです。

これは私の経験ですけれども、父親が亡くなったときに、私の母親は玄関に大きな塩の固まりを置いて、これを踏んで行きなさいとわれわれに言ったのです。そのときに、すでに私は親鸞聖人の教えに出遇っているので、そういうことはしないと。そして「もしもそんなことで穢れが取れるならば、同時に死なないようになるならば、1トンでも2トンでも塩を買《こ》うたる。塩をぐっていったらそんなふうになるのか」と母親に言ったことがあります。

　ですから、生まれた限りは死んでいかないとならないのですが、われわれが前提にしている「私」においては、死んでいく自分を受け止められないという問題があるということです。

　先ほど、凡夫ということでふれた問題は、私たちは自分中心のこころというものを離れることができないということでした。その自分中心のこころというものを持って生きる限りは、死んでいく自分を穢れとしてしか理解することができない。ですから、死を受け入れることができないという問題があるんですね。

どこで聞いた言葉か忘れてしまいましたが、小説家の辻邦生《つじくにお》という人が、このように言っていたことを覚えています。

例えば、人が死ぬ。しかし、それはあるものが亡くなったという事故にすぎない。そこに大きな情緒が起こるはずなのに、何も起こらない。そういう根本的なアパシー、無力感、無感動の中に生きている。

だから、私たち自身がいつの日か死ななければならないということを完全に忘れていることです。おそらくこれは忘れているというよりは、死はなければいいものとして、見るべきでないものとして、私たちの、価値体系の一番下の方に置いていると言った方がいいでしょう。

死は自分にとって恐ろしいもの、嫌なもの、なければいいものであり、他者の死は何かアクシデントであって、ただ死者の数が一つ増えたという出来事でしかない。私たちが死を恐怖することはあっても、ほとんどの場合、それを忘却していて、不死の生命のないロボットのように、この世界の中で何となく日々の快楽を追って過ごすとしたら、私たち自身が有限な時間を送っているという事実に思い当たるときがないわけです。

実にさまざまな無気力な現象は、私たちが有限であるという事実を見失ったことに由来している。

ですから、本当に死を見て、死を受け入れるということが、もっとも人間らしい人間として生きていくための、われわれの大きな課題でもあるんですね。しかし、この「私」を前提にして生きる限りは、それはわれわれのところには実現しないのでしょう。

要するに、われわれは現実の自分自身を受け入れて、どんな人とも仲良く生きていきたいと、みんな思っているんだけれども、この「私」を前提にして生きているために、死んでいく自分自身を受け入れることができず、人と仲良く生きることもできない。こういう問題をどんな人も持っているということなのです。

もう一つ、紹介します。これは真宗のあるお寺の坊守さんのお手紙です。

山のお母さまが呆《ぼ》け※てきた。おじいさん一人では世話ができなくなったわけです。そして町に下りていた娘さんの所に、母親が引き取られてきた。しかし、呆けはどんどん進行したのでした。そうすると、大事な愛していた母親の姿がなくなるわけです。惨《みじ》めなみっともない、見たくない母親に変貌《へんぼう》していく。それでも、娘だから一所懸命世話をする。それこそ涙ながらに世話をする事になります。しかし、次第に極限状態に近づくことになります。下《しも》の物を家中に塗りたくって歩いて、わめいたり騒いだりするようになります。

我々だって、いつそういうふうになるかわからないですから、どうぞご自分のこととして聞いていただきたいと思います。「さるべき業縁のもよおせば、いかなるふるまいもすべし」なのです。いつだれが、そういうふうになるかわからない。そうすると、娘の中にどういう思いが起こるか。「お母さん、そんな姿になって、まだ生きているのか」。そういう思いが湧いてくるのです。愛していれば、それが湧いてくる。他人のことだったら、「あそこの婆さん糞塗りたくって歩くようになった。かわいそうに」と笑っておられる。しかし、自分の母親のことになると、顔が引きつるのです。だから、施設に入れるか、入れないか、と真剣に悩むようにもなる。

（名古屋別院『信道講座』二〇〇一年七月号）

※「呆け」という言葉は、現在では「認知症」という言葉で表現されていますが、本書では当時の講演録の言葉をそのまま掲載しています。

これは、高史明《コサミョン》さんという人が書いておられる文章の中のことですが、要するに、どれほど愛しているということがあっても、愛している相手がとんでもない姿になってくると、受け止めることができなくなってしまう。こういう問題をわれわれが抱えているということなんですね。

われわれは、近代以降、この自分というものが一番確かなものだとしてきました。哲学者のデカルトが、あらゆるものを疑うことによって、確かなものを発見しようとした。そういう中で、あらためて一番確かなものはこの「私」だと。そして、この「私」には、何が真実で、何が虚偽であるかということを見分けて、正しく判断する力がある。つまり、理性があると言ったのです。

しかし、われわれが一番確かなものとしているこの「私」というものは、親鸞聖人の教えから言えば、凡夫なのだと。自分中心ということを離れられないものなんだということですね。われわれが一番確かだと思っているこの「私」というものが、実は一番大きな問題を持っているんだということです。だから、この「私」を前提にして生きる限りは、どんな人も行き詰まるのです。

■悩むということはいいことだ

現代は、それこそ自分というものを一番確かなものとして、その自分を前提にあるわけです。だけど、それは結局、行き詰まってしまう。それがさまざまな場面に出てきていると思うんですね。

それはどうしてかと言うと、その一番確かなものだというように言われるこの「私」は、絶対に受け入れることのできないものを持っているということなんですね。それが死であったり、身近なものであったりするのです。

しかしそのことが、ある面ではとても大切なところなのです。どういうことかと言うと、苦しむ、苦悩するということが大切なことなんだということです。

私が大学を卒業する間際、一人の先生に出会いました。その先生が私に「悩むということはいいことだ。飛び上がるときには一回沈まなければばならないのだから、沈みなさい。そして立ち止まりなさい」と。そして、続いて「一緒に勉強しましょう」と言われたんですね。

私はそのとき、この先生はいったい何を言っているのかと、訳のわからないことを言っておられるように聞こえたわけです。

つまり、現代を生きるわれわれにとって、「悩む」というようなことがいいことだとは思えないのです。悩むのは自分に力がないからだ。自分が情けないからなんだ。そういう意味で悩むのであって、自分に力があり、優秀なものであるならば、悩むということなんか何もないんだと思って生きているわけです。

現代は、悩み苦しむということはマイナスの価値であって、苦しみをいろいろな方法でなくそうとするということがあります。拝み屋さんがあったり、さまざまな相談所があったりと、そのようなかたちで、悩み、苦しみを解消し、思いどおりに生きようとするのです。

ところが、この「私」を前提にして生きる限りは、絶対に行き詰まるんだというのです。自分が、そして隣にいる人が、思いどおりにならないのです。そういう思いどおりにならない自分と、思いどおりにならない他者とが生活を共にして生きていながら、思いどおりになることが人間の生きる意味であり、人間の幸せだと考えて生きている。そのような生き方は虚偽なわけです。幻想なんだということです。

ですから、悩むということ、苦しむということがとても大切なのです。

この「私」を前提にして生きる限りは、どんな人も行き詰まるんだと。つまり行き詰まるということが、この「私」を問いなおす、とても大きなチャンスなんだと。本当に新しい生き方を、そこに見いだすチャンスなんだということです。

親鸞聖人も、二十九歳のときに二十年もの間修行生活を送った比叡山を下りたということは、やはり行き詰まったわけです。そして、その行き詰まりをとおして、あらためて教えといいますか、法然上人に出遇っていったのです。そして、ご存じのように、法然上人から「ただ念仏しなさい」と教えられたということがあるのです。

■「ただ念仏」の教え

ではその「念仏しなさい」とは、いったいどういうことか。それは、「南無阿弥陀仏」と阿弥陀仏の名前を称《とな》えなさいという、称名《しょうみょう》です。しかし、なかなかこういう言葉を理解するというのは容易ではありません。

何か困ったときに「南無阿弥陀仏」と念仏を称えることによって、困った問題が解決すると、そのように理解する人ばかりではないということはあるにしても、呪文のように思ってしまうということがあります。「南無阿弥陀仏」というのは、インドの言葉です。ですから「ナモーアミターバ」とか、「ナモーアミターユス」ということなんですね。

「南無（ナム）」というのは、頭を下げるということです。インドに行かれますと、「こんにちは」とか「おはようございます」という挨拶《あいさつ》は、相手に向かい合掌して「ナマステ」と言うんですね。「テ」というのは、「あなた」です。ですから、「私はあなたに礼拝《らいはい》します」という言葉が、「おはよう」とか「こんにちは」という挨拶の言葉なのです。

「阿弥陀」というのは「アミタ」ということで、無量とか無限ということです。ですから、計り知れないという意味です。

では、何が計り知れないのか。先ほど言いました、お釈迦さまが何に目覚めて仏陀になられたのかということを考えてください。それは「縁起の法」という真理でした。そして「縁起の法」というのは、どんな人もみんな、さまざまな違いを超えて、お互いに助け合って生きている。

つながり合って生きているということを表す言葉です。

あらためて、それはどういう意味かと言うと、われわれ一人ひとりは、もともと初めから個性的に、個性豊かに生きているということです。

『阿弥陀経』という経典がありますが、阿弥陀仏の浄土が極楽という言葉で語られ、その世界はどのような世界かということが、このような言葉で語られています。

浄土には、美しい水がたたえられた池があって、池には大きさが車の車輪ぐらいのハスの花が咲いていると。

そしてそのハスの花は、「青色青光《しょうしきしょうこう》 黄色黄光《おうしきおうこう》 赤色赤光《しゃくしきしゃっこう》 白色白《びゃくしきびゃっ》光《こう》」と、つまり、青は青、黄色は黄色、赤は赤、白は白に光るというのです。これはいったい何を語っているのか。

われわれは自分、つまり、この私を前提に考えると、比較するこころを離れられません。ですから、あっちがいいとか、こっちがいいとか計らうこころで、結局自分を自分として受け入れることができないという問題を持っているわけです。こういう自分ならいいけれども、こういう自分は嫌だというこころですから、どんな人もみんな劣等感を持っているのです。

特に最近、私が感じるのは年を重ねるということについてです。年を重ねると、今までできたことができなくなります。ですから、できない自分に出会っていく。そうすると、それが何とも情けないと感じて、その自分を受け入れることができないという問題です。

ところが、いわゆる阿弥陀の浄土に生まれて生きることになれば、どのような自分であっても、まさに個性豊かに、お互いに自分らしく生きることができるというのです。青は青、赤は赤、黄は黄、白は白と。

それは、もともと初めから、われわれ一人ひとりが、みんな個性豊かに生きている姿をあらわしている。しかしその姿をわれわれは、この「私」を前提に見るために、逆に、こんな俺はいいけれども、こんな俺は嫌だということになっていく。そうして、光を奪っていくわけです。

要するに、「縁起法」という言葉で、釈尊が明らかにした問題は、どんな人もお互いに助け合って生きているんだと言いましたが、お互いにみんな個性豊かに生きているんだと。そのことが「阿弥陀（無量寿〈アミターユス〉・無量光〈アミターバ〉）」という言葉で、実は教えられていることなのです。

私が出遇った信國淳《のぶくにあつし》という先生は、無量寿という言葉を「いのちみな生きらるべし」といただいていました。つまり、どんな私たちであっても、みんな生きることのできるいのちを与えられて生きているんだと。ですから、そのいのちに目を覚ましなさいという呼び掛けが「南無阿弥陀仏」なのです。

呪文ではなしに、「南無阿弥陀仏」というのは、どんな「私」であっても、みんな計り知れない、阿弥陀のいのちを生きているんだと。阿弥陀のいのちを生きているということは、どんないのちもみんな生きることのできるいのちを与えられて生きているんだと。そのいのちに目覚めて、生きるものになりなさいという呼び掛けが「南無阿弥陀仏」。阿弥陀仏に南無しなさいと。阿弥陀のいのちに南無して、そのいのちにしたがって生きていきなさいという呼び掛けなのです。

それは、どんないのちもということですから例外がない。そういうかたちで愛という、大悲というものをわれわれに教えるのです。

■受け止められることの大切さ

親鸞聖人は和讃で、

十方微塵世界《じっぽうみじんせかい》の　念仏の衆生をみそなわし

摂取《せっしゅ》してすてざれば　阿弥陀となづけたてまつる

（『浄土和讃』真宗聖典四八六頁）

と詠《うた》われています。

阿弥陀というのは、摂取不捨《せっしゅふしゃ》という、どんなあなたであっても、みんな生きることのできるいのちを与えられて生きているんだと。それが、お釈迦さまが目覚められた「縁起法」というものを語る言葉です。

ですから、そのいのちに目覚めて、そのいのちを生きるものになりなさい。こういう呼び掛けが「南無阿弥陀仏」なのです。

そのことが本当にわかることによって、初めてわれわれは、「さるべき業縁のもよおせば、いかなるふるまいもすべし」と言われるように、縁によって出てくる、われわれの絶ちがたい、自分中心のこころというものから、実は離れることができるということなのです。

そのことを端的に教える文章を一つ挙げますと、評論家の犬養道子《いぬかいみちこ》が『人間の大地』（中央公論社）という本で書いているものです。

カンボジアで大きな内乱が起こり、多くの難民が生まれて、その難民を収容する施設でのことです。

ほぼ七万人（一九七九年十二月十九日の人数）収容のカオイダン※のキャンプ第一セクション内の病者テント内に、ひとりの子がいた。ひとりぼっち。親は死んだか殺されたか、はぐれたか、兄弟姉妹はいたのか死んだのか。一語を口にせず空《くう》をみつめたままの子。衰弱し切ったからだは熱帯性悪病の菌にとっての絶好の獲物であったから、その子は病気をいくつも持っていた。国際赤十字の医師団は打てるだけの手を打ったのち、匙《さじ》を投げた。「衰弱して死んでゆくだけしかのこっていない。可哀想に……」子は薬も、流動食も、てんで受けつけなかったのである。幼ごころに「これ以上生きて何になる」の絶望を深く感じていたのだろう。

ピーターと呼ばれる、アメリカ人のヴォランティア青年が、その子のテントで働いていた。医者が匙を投げたそのときから、このピーターが子を抱いて坐った。特別の許可を得て（ヴォランティアは夕方五時半にキャンプを出る規則）夜も抱きつづけた。子の頬を撫で、接吻し、耳もとで子守歌を歌い、二日二晩、ピーターは用に立つまも惜しみ、全身を蚊に刺されても動かず、子を抱きつづけた。

三日目に——反応が出た。

ピーターの眼をじっと見て、その子が笑った！

「自分を愛してくれる人がいた。自分をだいじに思ってくれる人がいた。自分はだれにとってもどうでもいい存在ではなかった……」この意識と認識が、無表情の石のごとくに閉ざされていた子の顔と心を開かせた。

ピーターは泣いた。よろこびと感謝のあまりに。泣きつつ勇気づけられて、食と薬を子の口に持って行った。子は食べた！　絶望が希望に取って代られたとき、子は食べた。薬も飲んだ。そして子は生きたのである。

※カオイダン難民キャンプ…一九七九年、タイ東部に開設されたカンボジア難

民キャンプ。各国ボランティア団体が活動していた。一九九三年に閉鎖。

人間にとって受け止められるということがどれほど大切か。先ほども言いましたように、われわれはもともと初めから、共に助け合って生きているということがあって、だからこそ人間にとっては、見捨てられるということほどつらいことはないのです。

仏教には「地獄」という言葉がありますが、実はこれは見捨てられたものの世界を語っています。つまり、孤独の中で生きることがどれだけつらいかという言葉なんですね。

ですから、反対に受け止められるということが、とても大切なのです。

遠藤周作《えんどうしゅうさく》の『イエスの生涯』（新潮文庫）という小説の中に、このような文章があります。

イエスは群衆の求める奇蹟《きせき》を行えなかった。湖畔《こはん》の村々で彼は人々に見棄《みす》てられた熱病患者のそばにつきそい、その汗をぬぐわれ、子を失った母親の手を、一夜じっと握っておられたが、奇蹟などはできなかった。そのためにやがて群衆は彼を「無力な男」と呼び、湖畔から去ることを要求した。だがイエスがこれら不幸な人々に見つけた最大の不幸は、彼等を愛する者がいないことだった。彼等の不幸の中核には愛してもらえぬ惨《みじ》めな孤独感と絶望が何時《いつ》もどす黒く巣くっていた。必要なのは「愛」であって病気を治す「奇蹟」ではなかった。人間は永遠の同伴者を必要としていることをイエスは知っておられた。自分の悲しみや苦しみをわかち合い、共に泪《なみだ》をながしてくれる母のような同伴者を必要としている。

繰り返しますが、人間はもともと初めから、共に助け合って生きているという、そのことが一番元にあって、だからこそ受け止められることによって、初めて本当に自分の居場所を見いだすことができるのです。ところが、人間の愛というものは、どれほど純粋であると言われるお母さんの愛であっても、結局は自分中心のこころというものを離れることができないということがあります。そして、自分の思いに合うという、その限りにおいて受け入れることができるという問題を持っているのですが、それでも、誰かに受け止められるということが、人間にとってどれほど大切かということは、よくよくわかっていただきたいと思います。

■阿弥陀のはたらき

そして、念仏ということに話を戻しますと、どんなあなたであっても、阿弥陀のいのちはあなたを見捨てないということを、われわれに教える言葉が、実は「南無阿弥陀仏」という言葉なのです。

つまり、「南無阿弥陀仏」と念仏しなさいという法然上人の教えは、どんなあなたであっても、私はあなたを見捨てないということを語る、そういう言葉でもあるのです。

そのことを聞いて、初めて親鸞聖人は自分が受け止められている、自分が愛されているということがわかったわけです。

それはどういうことかと言いますと、念仏しなさいと教える法然上人のことを親鸞聖人は、

源空光明《げんくうこうみょう》はなたしめ　門徒につねにみせしめき
賢哲愚夫《けんてつぐぶ》もえらばれず　豪貴鄙賤《ごうきひせん》もへだてなし
（『高僧和讃』真宗聖典四九九頁）

と讃《たた》えています。

何を語っておられるのかと言うと、「南無阿弥陀仏」と念仏しておられる法然上人の上に、具体的に「阿弥陀」というものがはたらいているということなのです。

つまり、法然上人のおそばに行くと、受け止められていると。阿弥陀の摂取不捨のこころを表す「えらばず、きらわず、見すてず」という言葉がありますけれども、賢かろうと、愚かであろうと、社会的に地位があろうと、なかろうと、みんなきちんと受け止められていると語る言葉が「源空光明はなたしめ」なのです。

それは、具体的な阿弥陀というもののはたらきなんですね。うまく言えませんけれども、念仏しなさいという法然上人の言葉を通して、具体的に阿弥陀がそこに現れるわけです。現れるというのは、何か神秘的に現れるのではなしに、自分が受け止められていると いただく、感じさせられることでしょう。

例えば、皆さん方が赤ちゃんを見たときに、何か知らないけど、顔がにこっとするでしょう。赤ん坊というのは、そういうことから言うと、ちょっと言い方は悪いけれども、たとえ鼻が低かろうと、頭の髪の毛が薄かろうと、そんなこと屈託なしに、赤ん坊は自分を生きているわけです。

泣きたいときに泣き、おなかがすいたら泣き、それが明るいということとです。明るいということは、選ばない、嫌わないと。それこそ見捨てないということが明るいということなのです。

劣等感を持った人が暗いというのは、それを受け入れることができないということの暗さなのです。

ですから、赤ん坊というものを見たときに、われわれがついにこっとしてしまうのは、赤ん坊のそういう姿に、何かほっとするというか、自分自身が受け止められていると感じることなのです。それが具体的に念仏しなさいという言葉で教えられているわけです。阿弥陀仏に南無して生きるものになりなさいと。

だけど、それが簡単にはわからない。ですから親鸞聖人は、法然上人という人を通して、念仏しなさいと教えてくださった法然上人の上に初めて、「賢哲愚夫もえらばれず豪貴鄙賤もへだてなし」と、選ばない、隔《へだ》てないという、具体的なはたらきを経験するのです。自分が見捨てられていない、自分が受け止められているということがわかった。だからこそ、親鸞聖人はこういう言葉で讃えているのです。

これは、親鸞聖人の直接の言葉ではありませんが、清沢満之《きよざわまんし》という人が「無限大悲の如来に信憑《しんぴょう》するものは、皆共に如来の寵児《ちょうじ》にして、互《たがい》に兄弟姉妹なり」（『当用日記』）と言われています。

つまり、自分が受け止められているということが本当にわかったとき、自分一人だけが受け止められている、愛されているということではなしに、自分の妻も、自分の夫も、自分の子どもも、自分の親も、みんな受け止められているということがわかる。みんなきょうだいだということがわかるということです。私も、あなたもそうだと。

そのことが、われわれのところに浄土が開かれるということです。

要するに、お互いにきょうだいとして、大悲に生きていこうと、こういう人生がわれわれのところに開かれていく。そのことによって、われわれは本当に共に助け合って、仲良く生きるということができるわけです。

そして一番大事なことは、どこでそのことにうなずくことができるかということですが、それが実は「悪人」ということなのです。

■「悪人」であることへの目覚め

『歎異抄』に「悪人成仏」という言葉がありますが、親鸞聖人は、悪人こそがもっとも人間らしい人間になることができるんだと言うのです。普通に考えたら何を言っているのかという話ですが、悪人だということは、何か人の物を盗ったとか、そういうことではなしに、この「私」を前提にして生きるということです。

その私を前提にして生きているということは、先ほど凡夫という言葉で確かめたように、自分の思いに合うものは受け入れることができるけれど、思いに合わないものは受け入れることができないと。そういうところで生きているために、自分を傷つけ、人を傷つけている。そのことを教えられて、本当に申し訳なかったと頭が下がったものを悪人というのです。

なぜ念仏なのか。それは、われわれがみんな自分中心のこころというものを決して捨てることができない、そのことがまずなぜに対する受け止めであろうかと思います。

そして、お釈迦さまは何に目覚めて仏陀になられたか。それは、もともと初めから、われわれはみんな個性豊かに生きているという「縁起の法」です。どんないのちも皆、生きることのできるいのちなんだ。そのいのちに目覚めて生きるものになりなさいと、こういう呼び掛けが「南無阿弥陀仏」と、念仏しなさいということなんだと。

そのことがどこでわかるかと言えば、われわれ一人ひとりが、自分が悪人であるということを教えられてわかり、そのことによって、申し訳なかったと頭が下がる。頭が下がったところに、初めてお互いにみんなきょうだいであるということを教えられてわかる。

ですから、「南無阿弥陀仏」の呼び掛けのもと、きょうだいとして生きていこうと。それが、浄土真宗ということで教えられているのです。そういう人生を生きるところに、われわれ自身が本当に仏になっていく、人間らしい人間になっていくということが開かれるということなのです。

そういうことが、人間として生まれたわれわれ一人ひとりの大きな課題なのです。そのことだけをどうか受け止めていただいて、学んでいっていただけたらと思うことです。

あとがき

本書は、二〇一〇年十二月十二日の真宗大谷派沖縄別院「成道会」における中川皓三郎氏の記念講演「人間で在ることの課題—釈尊は、何に目覚めて仏陀に成られたのか—」をもとに書籍化したものです。

お話の中で中川氏は、人間として生まれた私たちは、誰もがお互いに仲良く生きたいという願いを根底にもちながら、自己中心的な在り方を決して離れられない存在であると語られています。しかしまた、そのような私たちが、「南無阿弥陀仏」の呼びかけにおいて、傷ましい自己のすがたを知り、互いをきょうだいとして生きる世界に目覚めていくこと、それが人間で在る私たちの課題であることを示してくださいます。

二〇二三年に「宗祖親鸞聖人御誕生八五〇年・立教開宗八〇〇年慶讃法要」をお迎えするにあたり、慶讃テーマである「南無阿弥陀仏 人と生まれたことの意味をたずねていこう」について確かめあう、本書がその一助となることを願っています。

書籍化にあたり、文章の整理、小見出の追加等、若干の編集を行いました。そのすべての編集責任は東本願寺出版にあることを申し添えます。

最後に、講演の書籍化について快くご許可賜りました中川絹代様に、厚く御礼申し上げます。

二〇二一年十月

東本願寺出版

著者略歴

中川皓三郎（なかがわ・こうざぶろう）

1943（昭和18）年、大阪府生まれ。大谷専修学院指導主事、大谷大学短期大学部教授、帯広大谷短期大学長を歴任。真宗大谷派九州教区林松寺衆徒。2020年10月20日、逝去。
著書に『いのちみな生きらるべし』、『ほんとうに生きるということ』、『ただ念仏せよ』、『ブッダと親鸞 教えに生きる』（共著）、『親鸞 生涯と教え』（監修）（以上、東本願寺出版）など。

人間《にんげん》で在《あ》ることの課題《かだい》

2022（令和４）年１月10日　第１刷発行

著　者　中川　皓三郎

発行者　木越　渉

発行所　東本願寺出版
（真宗大谷派宗務所出版部）
〒600-8505　京都市下京区烏丸通七条上る
TEL（075）371-9189（販売）
（075）371-5099（編集）
FAX（075）371-9211

表紙デザイン　ツールボックス

印刷・製本　中村印刷株式会社

ISBN 978-4-8341-0641-1 C0215

書籍の詳しい情報・試し読みは　東本願寺出版　検索　click

真宗大谷派（東本願寺）ホームページ　真宗大谷派　検索　click